이 책은
반려동물과 함께
즐거운 생활을 꿈꾸는

_____의 책
입니다.

멍냥연구소

1판 1쇄 발행 2023년 9월 25일
1판 3쇄 발행 2024년 5월 9일

원작 | 비마이펫
만화 구성 | 박지영(옥토끼 스튜디오)
발행인 | 심정섭 **편집인** | 안예남
편집 팀장 | 최영미 **편집** | 조문정, 박종주
표지 및 본문 디자인 | 권규빈
브랜드마케팅 | 김지선
출판마케팅 | 홍성현, 김호현
제작 | 정수호

발행처 | (주)서울문화사
등록일 | 1988년 2월 16일 **등록번호** | 제 2-484
주소 | 서울특별시 용산구 새창로 221-19(한강로2가)
전화 | 02-791-0708(구입) 02-799-9145(편집) 02-790-5922(팩스)
출력 | 덕일인쇄사 **인쇄처** | 에스엠그린

ISBN 979-11-6923-826-7 (74490)

©BEMYPET
※파본은 구입처에서 교환해 주시기 바랍니다.

온 세상 반려가족 필수 반려동물 교양만화

Bemypet
비마이펫

멍냥연구소 ⑧

캐릭터 소개

· 삼색&리리네 ·

삼색이

집사인 주인이에게 툴툴거리지만 사실 엄청 사랑하는 겉바속촉 고양이

주인이

삼색이에게는 집사, 리리에게는 쭈인으로 불리며 늘 최선을 다하는 보호자

리리

애교 많은 주인바라기로 주인이랑 산책할 때 가장 행복하다는 강아지

· 또 다른 동물 친구들 ·

삼신할멍

강아지 탄생의 비밀을
알고 있는 신령멍

조수멍

삼신할멍 옆에서
강아지 탄생을 돕는 조수

깜냥이

행운의 상징으로 거듭난
검은 고양이

치치

파티시에 집사를 둔
식빵 고양이

차례

1장 강아지 연구소

♥ 1화 골든 리트리버는 어떤 강아지일까? · 8

♥ 2화 진돗개는 어떤 강아지일까? · 28

♥ 3화 시바견은 어떤 강아지일까? · 46

♥ 4화 3대 악마견? 정말 말썽꾸러기일까? · 64

 세상에서 가장 큰 개는? 초대형견 종류 · 84

 안내견들은 어떤 삶을 살까? · 86

 고양이 연구소

♥ **5화 검은 고양이의 특별한 비밀** · 90

♥ **6화 식빵 고양이의 숨겨진 비밀** · 110

♥ **7화 고양이는 기억력이 좋을까?** · 132

♥ **8화 고양이는 어떻게 구조할까?** · 154

 고양이는 언제부터 사람과 함께했을까? · 180

 고양이를 괴롭히는 위험한 질병 · 182

1화
골든 리트리버는 어떤 강아지일까?

또한, 동물 행동학자 스탠리 코렌 교수가 연구한
<강아지 복종형 지능 순위>에서 4위를 차지할 만큼

똑똑하며 보호자의 말을 잘 따릅니다.

2. 골든 리트리버의 역사

똑똑하고 얌전한 골든 리트리버는

안내견이나 수색견, 혹은 반려견으로서

다양한 활약을 하고 있습니다.

하지만 과거의 골든 리트리버는 지금과 달리

사냥을 돕는 사냥견이었습니다.

골든 리트리버 유전병: 대형견인 골든 리트리버의 수명은 약 10~12년 정도예요. 골든 리트리버 건강 및 유전병에 대한 자세한 내용은 비마이펫 라이프(mypetlife.co.kr)에서 찾을 수 있어요.

2화
진돗개는 어떤 강아지일까?

천연기념물로 지정하면서 멸종 위기에서 벗어날 수 있었습니다.

진돗개는 현재까지도 천연기념물로 지정되어 있으며 '한국진도개 보호육성법'에 의해 보호받고 있습니다.

한국진도개 보호육성법: 약칭 진도개법으로, 진도개 고유의 혈통을 보존하고 증식 및 보급 확대를 통하여 진도개의 우수성을 알리고 활용도를 높이고자 한 법이에요.

많은 진돗개 중에서도 견종의 표준에 맞아

진도군의 심사를 통과한 경우에만

3화
시바견은 어떤 강아지일까?

뼈가 발견된 것으로 보아

깊은 역사를 가진 것으로 추정하고 있습니다.

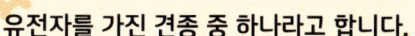

특히 시바견은 독립적이고 고집이 세서

자신의 영역을 넘어오는 것을 싫어하며

내키지 않는 일은 하지 않으려는 성향이 강합니다.

3대 악마견?
정말 말썽꾸러기일까?

3대 악마견! 왜 악마견일까?

견종백과

첫 번째 악마견
비글

비글은 뛰어난 후각을 사용해 사냥감을 쫓는 센트 하운드 견종으로

과거에 토끼 사냥을 돕는 사냥개였습니다.

비글은 악마견이라는 별명 외에도 '실험용 개'라고도 알려져 있는데요.

비글이 **실험용 동물**로 자주 쓰이는 이유는 다른 견종에 비해 좁은 철망 안에서도 안정적인 생활이 가능하며

실험용 동물: 최근 실험용 동물들에게 자유와 권리를 찾아 주려는 노력이 진행되고 있어요. 유럽 연합을 포함한 수많은 나라에서는 화장품 실험에 동물을 쓰는 것을 금지하고 있지요.

몸집이 작고 사람을 잘 따르는 성격이기 때문이라고 합니다.

얼마 뒤

코커 스패니얼은 밝고 명랑할 뿐만 아니라

경계심이 낮고 다정한 성격을 가졌기 때문에

아이와도 잘 어울리는 견종입니다.

숲속을 뛰어다니며 새들을 날아가게
만드는 역할을 했기 때문에
구 구…
난 '멧도요'
펑!
높은 활동량을 가지고 있습니다.
이걸 다 날리면…
칭찬받겠지?
히죽
히죽
둘기둥절
??
왈! 왈!
삐질
아둥
그, 그만해!
바둥
왈왈!

세상에서 가장 큰 개는? 초대형견 종류

세상에는 정말 다양한 견종이 있어요. 보통의 대형견인 골든 리트리버나 사모예드 같은 견종보다 훨씬 덩치가 큰 초대형견도 있지요. 대표적인 초대형 견종들에는 어떤 종류가 있는지 알아보아요.

❶ 그레이트데인

키 71~81cm, 몸무게 50~80kg인 견종이에요. 독일에서 멧돼지 사냥견, 경비견으로 많이 키우고 있어요. 경계심이 강하지만 성격이 순해, 직접 공격하기보다는 짖어서 위험을 알린다고 해요.

❷ 세인트버나드

키 66~76cm, 몸무게 54~81kg인 견종이에요. 스위스 알프스산맥에서 구조견으로 활동했지요. 후각이 뛰어난 편이라, 눈 속에 파묻힌 사람들을 잘 찾아내어 구조했다고 해요.

❸ 잉글리시 마스티프

키 70cm 이상, 몸무게 54~104kg인 역사가 아주 깊은 견종으로, 고대 이집트와 그리스에서 경비견이나 군견으로 키웠다고 알려져 있어요. 그래서 충성심이 강하고 용맹한 성격을 가지고 있어요.

❹ 뉴펀들랜드

키 66~71cm, 몸무게 45~68kg인 순하고 다정한 성격의 견종이에요. 특히, 수영을 잘해서 수중 인명 구조견으로 많이 활동하고 있어요. 발가락 사이에 물갈퀴도 있다고 해요.

멍멍이 상식 하나 추가요~!

❺ 아이리시 울프하운드

키가 가장 큰 견종으로 키 76~100cm, 몸무게 47~54kg예요. 아일랜드에서 늑대 사냥개로 키웠기에 아이리시 울프하운드라는 이름이 붙었어요.

❻ 카네코르소

키 60~70cm, 몸무게 40~50kg인 마스티프 계열의 견종으로 이탈리아에서 최고의 경비견으로 꼽혀요. 경계심과 충성심이 강해 반려견으로 키울 경우 맹견만큼 철저한 사회화가 필요해요.

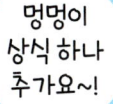

❼ 레온베르거

키 57~80cm, 몸무게 40~77kg인 독일 출신 견종이에요. 엄청 활발하지만 순한 성격을 가지고 있어요. 치료견, 구조견으로 활동하기도 해요.

❽ 보르조이

키 66~71cm, 몸무게 27~47kg으로 덩치에 비해 몸무게가 적게 나가는 편이에요. 늑대 사냥에 특화된 견종으로 독립적이고 느긋한 성격이에요.

❾ 캉갈

키 68~73cm, 몸무게 36~68kg인 튀르키예의 국견이에요. 세상에서 치악력(무는 힘)이 가장 강한 견종으로 알려져 있으며, 이는 쇠사슬을 끊을 수 있는 정도라고 해요.

이밖에도 코카시안 오브차카, 그레이트 피레니즈, 블랙 러시안 테리어 등 초대형견의 종류는 다양해요.

멍상추 - 안내견들은 어떤 삶을 살까?

일반적으로 장애인 안내견이라고 하면 시각 장애인 안내견을 떠올리게 돼요. 하지만 시각 외에도 청각 및 지체 장애인 안내견 등 안내견들은 다양한 분야에서 활동하고 있습니다. 안내견에 대해 알아보아요.

안내견, 어떻게 되는 걸까?

1. 후보견 선발과 퍼피 워킹

안내견 학교에서 태어난 강아지 중에서도 영리해서 다양한 상황 파악을 잘하고 침착한 성격의 강아지만 후보견이 될 수 있어요. 후보견으로 선발된 강아지들은 생후 50~60일 사이(청각 장애인 안내견은 약 1개월)에 자원봉사자 가정에서 약 1년간 퍼피 워킹이라는 사회화 과정을 거치게 됩니다.

대표적인 안내견 견종

골든 리트리버 / 래브라도 리트리버 / 말티즈 / 푸들

2. 안내견 훈련

퍼피 워킹을 마친 강아지는 안내견으로 적합한지 평가를 받아요. 이 평가에서 합격한 강아지들은 약 6~12개월간 안내견 훈련을 받은 후 장애인에게 분양됩니다. 이때 강아지가 받는 훈련은 시각, 청각, 지체 중 보조할 역할에 따라 달라지는데요. 예를 들어, 시각 장애인 안내견의 경우 장애물 인지와 길 안내를 배워요. 청각 장애인 안내견은 일상의 다양한 소리를 감지할 수 있어야 합니다. 지체 장애인 안내견은 옷을 갈아입거나 필요한 물건을 가지고 오는 등의 훈련도 한다고 해요.

멍멍이 상식 하나 추가요~!

그러나 안내견 훈련은 매우 복잡하고 어렵기 때문에 약 50%의 강아지는 안내견 평가에서 불합격하게 돼요. 평가에서 탈락한 경우 일반 가정으로 입양되거나 재활 보조견, 인명 구조견 등의 직업견이 되기도 합니다.

안내견을 마주쳤을 때 주의점

걷고 있는 안내견을 만났다면 쓰다듬거나 사진 찍기, 먹을 것 주기, 강아지를 부르는 것 등 강아지 집중력을 떨어뜨리는 행동을 하면 안 돼요. 하지만 무조건 안내견을 만지면 안 되는 것은 아니에요. 안내견이 보행하고 있지 않을 때, 보호자에게 허락을 받고 인사해도 괜찮아요. 또 가장 좋은 방법은 강아지가 역할을 수행하고 있지 않을 때 함께 놀아 주는 거예요. 이때는 안내견이 하네스를 매지 않고 있어요.
만약 안내견이 사람들에게 보호자 없이 다가가거나 짖는다면, 보호자에게 위급 상황이 생겼을 수도 있어요. 그러니 안내견을 따라가서 돕거나 119 등에 도움을 요청해 주세요.

안내견의 은퇴

약 10살로 노년기에 접어든 안내견은 은퇴를 하고 평범한 반려견으로서의 삶을 보내게 돼요. 안내견 학교로 돌아가 남은 시간을 보내기도 하고 도움을 받은 장애인이나 일반 가정에서 반려견으로 맡기도 합니다.

또는 퍼피 워킹을 했던 가정에서 반려견으로 맞는 경우도 많아요. 이런 경우 일반 가정보다 우선순위라고 해요. 최근 은퇴 안내견 입양도 퍼피 워킹처럼 많은 관심을 받아 입양을 하기 위해 대기하는 사람도 많다고 합니다.

5화
검은 고양이의 특별한 비밀

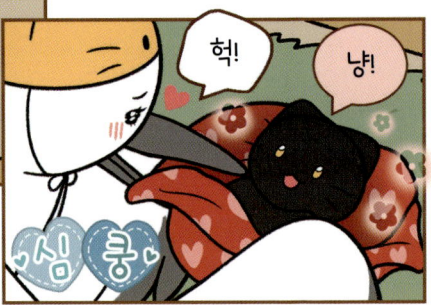

우리가 몰랐던 검은 고양이의 매력 4가지

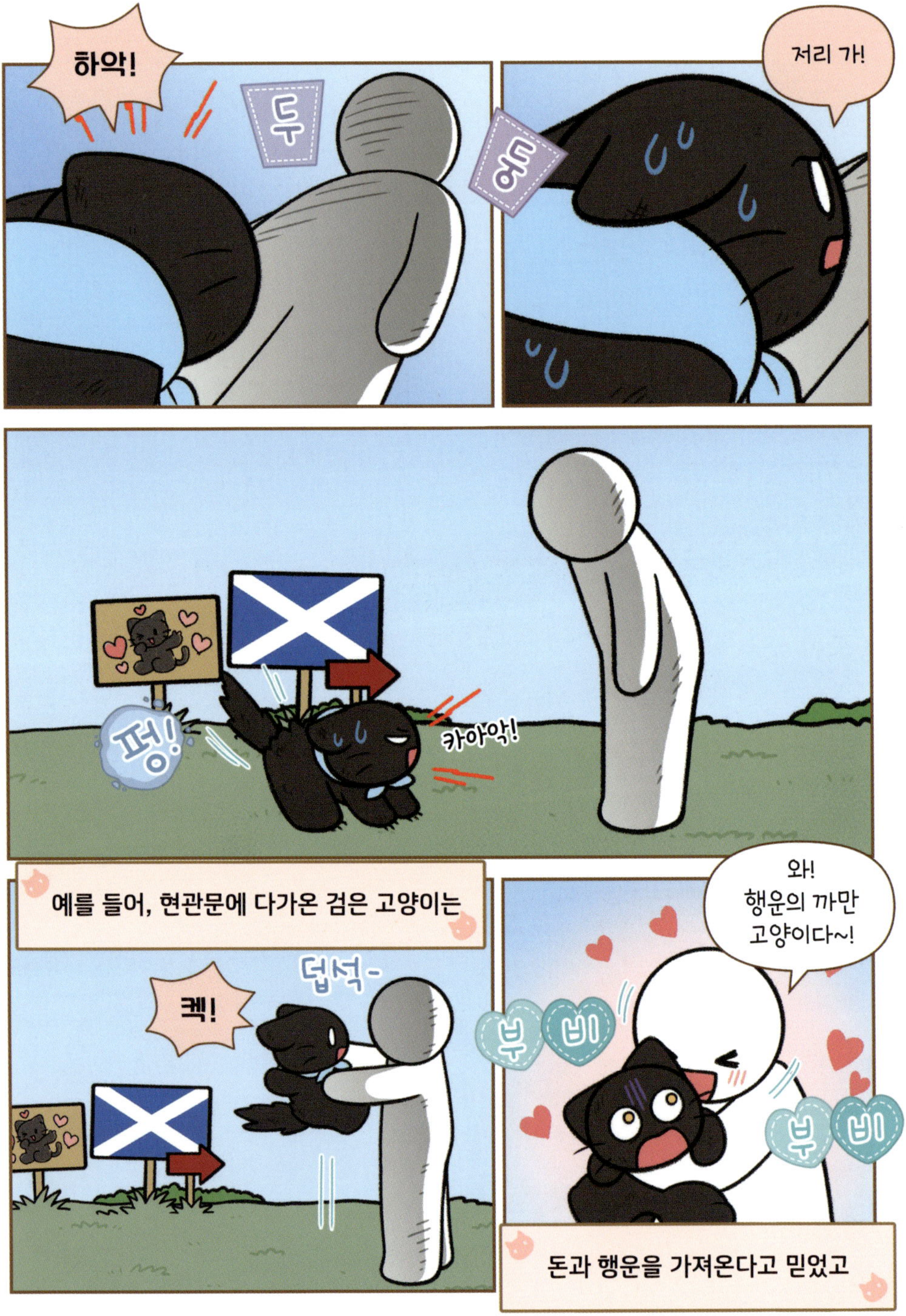

매력 2
검은 고양이의 성격과 특징

고양이는 밤에 활동하는 야행성이기 때문에

야생에서는 흰 고양이보다

검은 고양이가 살아남을 확률이 높습니다.

이러한 장점 때문에

이로 인해, 검은 고양이는 **고양이 면역 결핍 바이러스(FIV)**에

특히 면역력이 높다고 합니다.

고양이 면역 결핍 바이러스: 고양이 면역 결핍 바이러스에 걸리면 면역력이 떨어지면서 혈액계 문제, 종양 등 다양한 증상으로 발병하고 끝내 죽음에 이를 수도 있어서 반드시 예방이 필요해요.

매력4
바뀌기도 하는 털색

검은 고양이는 털색이 짙어지거나 바뀌기도 합니다.

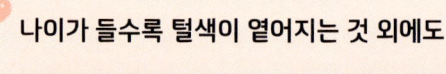
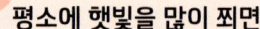

6화
식빵 고양이의 숨겨진 비밀

7화
고양이는 기억력이 좋을까?

고양이는 어떻게 구조할까?

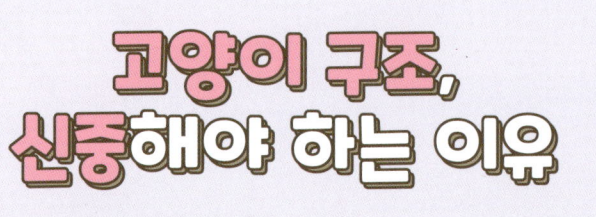

이 외에도 고양이가 다쳤거나 병에 걸린 상황,

재해 상황 등이 닥쳤다면

구조가 필요할 수 있습니다.

고양이는 언제부터 사람과 함께했을까?

우리가 고양이를 사랑하는 만큼 고양이가 거쳐온 역사에 대해서 아는 것도 필요해요. 우리의 소중한 반려묘들은 언제부터 그리고 어떤 계기로 사람과 함께하게 되었는지 알아보아요.

고양이 진화의 역사

고양이의 조상은 약 5000만 년 전 미야키스라는 동물로부터 시작되었어요. 미야키스는 2500만 년 전 경 프로아일루루스로 진화하여 유럽과 아시아 등지에서 서식했고, 이후 슈델루루스로 진화했어요. 슈델루루스는 2000만 년 전부터 800만 년 전까지 유럽, 아시아 및 북미 지역에서 생활했는데요. 이 동물은 현대 고양이의 조상이기도 하지만 퓨마, 표범, 사자, 호랑이 등의 조상이기도 해요.

미야키스 (출처: Britannica)

프로아일루루스 (출처: WordPress)

슈델루루스 (출처: thegreatcat)

현대 고양이 역사

고양이는 약 1만 년 전부터 사람과 함께 살았다고 알려져 있어요. 3만 년 전 가축화된 강아지보다 늦게 함께하게 된 것인데요. 고양이는 1만 년 전 중동 근처에서 길들여졌고, 6500년 전, 이집트, 유럽, 아시아 일부로 퍼져 나갔다고 해요. 그 배경엔 배의 역할이 컸다고 전해져요. 특히, 신항로 개척 시대에는 아메리카 대륙과 호주에도 급속도로 고양이 개체 수가 증가했고, 품종도 다양해졌지요. 그렇다면 고양이는 왜 사람과 함께하게 되었을까요? 여기에는 몇 가지 가설이 있다고 해요.

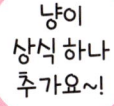

고양이가 사람과 함께하게 된 계기

1. 쥐를 없애기 위해
인류는 농경을 시작하며 곡식을 저장하게 되었는데 그 결과, 사람이 사는 곳에도 쥐가 들끓었지요. 그리하여 곡식을 파먹는 쥐를 없애기 위해 고양이를 기르기 시작했다고 해요.

2. 살쾡이들이 자진해서 가축화
과거, 사람들이 어린 살쾡이를 돌봐 주기 시작했고, 살쾡이가 사람 손에 길들여져 온순해졌다고 해요. 이후 살쾡이들이 인간들의 곁으로 자진하여 다가가 가축화된 것이라고 해요.

3. 귀여워서
태평양 원주민들이 유럽인의 탐험선에서 고양이를 처음 보고, 뜨거운 반응을 보이며 훔치려 했다고 해요.

우리나라의 고양이 역사

코리안 숏헤어는 삼국 시대 중국으로부터 불교 경전과 함께 들어왔다고 해요. 경전이 나무로 이루어져 있기 때문에, 쥐가 갉아먹는 것을 방지하기 위해 고양이와 함께 들여온 것이지요. 우리나라의 역사 중 고양이와 관련된 유명한 일화가 있어요. 바로 숙종과 금손이 이야기예요.

숙종은 고양이 금손이를 매우 아꼈다고 해요. 금손이와 함께 잠을 자고, 일을 하고, 고기 반찬을 먹여 주기도 했지요. 당시 조선에서는 누구도 왕과 함께 밥을 먹을 수 없었는데, 고양이에게 반찬을 직접 먹여 준다는 것만으로 해도 숙종이 얼마나 고양이를 아꼈는지 알 수 있어요. 이후 숙종이 죽음을 맞이하자, 금손이도 3일간 식음을 전폐하다 숙종을 따라 무지개 다리를 건넜다고 합니다.

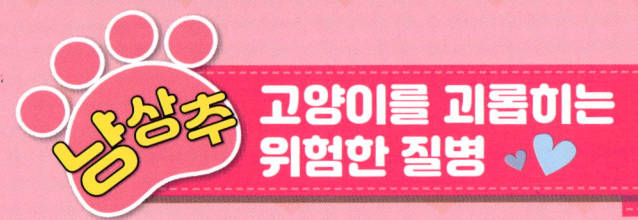

고양이를 괴롭히는 위험한 질병

고양이의 행동 중에 가장 중요한 것이 바로 건강과 관련된 이상 증세예요. 보호자가 보기에 별것 아닌 행동이라고 생각했다가, 질병을 키우는 경우도 많습니다. 고양이의 위험한 질병에 대해 알아보아요.

· 고양이에게 위험한 질병 5가지 ·

① 허피스(헤르페스)

바이러스성 비기관지염, 고양이 감기라고도 불리는 허피스는 생명에 크게 위협적이지는 않지만 전염성이 매우 강하기 때문에 다묘 가정에서는 꼭 주의해야 해요. 허피스의 대표적인 증상은 열과 기침, 구토, 심한 눈곱 등이 있어요.

허피스에 한 번 걸리면, 고양이의 몸속에 바이러스가 남아 고양이의 건강 상태가 안 좋을 때마다 계속 발병할 수 있어요. 허피스는 검진과 예방 접종으로 대처할 수 있으니 예방 접종을 잊지 마세요.

② 링웜(곰팡이 피부병)

링웜(피부사상균증)은 이미 질병에 감염된 동물이나 사람으로부터 발생해요. 링웜의 증상에는 가려움과 피부염, 탈모 등이 있어요.
특히, 링웜은 다른 고양이 질병과는 달리 사람에게도 전염이 될 수 있는 인수공통감염병이에요. 따라서 고양이가 링웜을 앓게 되면 먼저 고양이를 격리하고 증상에 맞게 치료해야 합니다.

3 구내염

고양이 구내염은 입속의 세균이 염증을 일으키는 질병이에요. 고양이에게서 심한 입 냄새가 나거나 계속 침을 흘리고 입을 벌리고 있다면 구내염일 수 있어요.
구내염을 초기에 발견한다면 약물 치료나 스케일링으로 치료할 수 있지만 늦게 발견하면 발치를 하게 될 수 있으니 주의하세요.

4 범백

범백(범백혈구 감소증)은 파보 바이러스에 의해 생기는 전염성 장염이에요. 특히, 면역력이 약한 아기 고양이에게 많이 발병해요. 범백의 증상으로는 식욕 부진과 무기력, 구토 등이 있어요.
범백은 전염성과 치명률이 높지만 예방 접종으로 대처할 수 있어요. 다만, 아기 길고양이를 입양하는 경우 이미 범백에 걸렸을 수 있기 때문에 다묘 가정이라면 꼭 합사 전에 검사를 받도록 하세요.

5 방광염

방광염은 방광에 생기는 염증이에요. 세균 감염이 원인인 경우도 있지만, 대부분이 원인을 모른 채 저절로 생기는 질병이에요. 방광염의 증상으로는 심한 소변 냄새와 빈뇨, 혈뇨 등이 있어요. 방광염 증상은 대부분 소변 관련이므로 주기적으로 화장실을 관찰해 주세요.

멍냥연구소 8

반려동물 교양만화 〈비마이펫 멍냥연구소〉를
사랑해 주시는 독자 분들을 위해 준비한 특별한 선물 이벤트!

퀴즈 맞히고, 비마이펫 굿즈 받자!

Q. 고양이가 앞발을 안으로 넣고 엎드렸을 때, 몸의 형태가 ○○처럼 보인다고 해서 이 자세를 ○○ 자세라고 불러요. ○○은 무엇일까요?

초성 힌트 : ㅅㅃ

비마이펫 캐릭터
마우스 패드
15명 추첨

참여 방법

① 오른쪽 QR 코드를 스마트폰의 QR 코드 리더기로 스캔하기
② QR 코드 스캔 후, 링크로 들어가 〈비마이펫 멍냥연구소 8〉 퀴즈 풀기
③ 이벤트 응모 정보를 꼼꼼하게 적어 제출하기

♥ 이벤트 기간 2023년 10월 10일~2023년 10월 30일
♥ 당첨자 발표 2023년 11월 3일, 서울문화사 카카오톡 채널 공지
 (카카오톡 채널 검색에서 '서울문화사 어린이책'을 검색하세요.)

인기 게임 〈무한의 계단〉
발명코믹북 출간!

빵빵 터지는 무한 재미 선물 3!

1 게임 이모티콘 세트 (전독자)

2 무한의 계단 게임 이모티콘 스티커 (전독자)

3 인형 뽑기기계 솜사탕기계
추첨 50명

★ 띠지 뒷면의 번호 사용
(사용 방법 168쪽 참고)

구입문의: 02-791-0708 서울문화사